Christmas in Sweden:
Swedish-English

Coledown Bilingual Books

Published by Coledown Bilingual Books, 2023.

CHRISTMAS IN SWEDEN: SWEDISH-ENGLISH

First edition. November 4, 2023.

Copyright © 2023 Coledown Bilingual Books.

ISBN: 979-8215302231

Written by Coledown Bilingual Books.

Table of Contents

Jul i Sverige

Julen är en av de mest älskade och festliga högtiderna i Sverige. Denna speciella tid på året är fylld av traditioner, gemenskap och glädje.

Julen i Sverige har en djup kulturell betydelse och är mer än bara en festlig högtid. Den är också en tid för eftertanke, kärlek och samhörighet. En central figur under julfirandet i Sverige är tomten, den svenska motsvarigheten till jultomten. Tomten är en älskad figur som delar ut julklappar till barnen på julafton. Men han har också en djupare betydelse och är en symbol för generositet och välvilja.

Förberedelserna inför julen börjar ofta långt i förväg. Månader före julen börjar människor planera och dekorera sina hem. En viktig tradition är att dekorera hemmet med granar och julpynt. Många svenskar går till skogen för att hugga ner sin egen gran, och sedan dekorerar de den med glitter, julkulor och ljus. Granen är en central symbol för julen i Sverige och skapar en känsla av gemenskap och förväntan.

En annan viktig tradition är att förbereda och äta julmat. Den svenska julmaten är riklig och varierad. Många familjer äter sill, ägg, prinskorv, köttbullar och skinka. Dessutom finns det många olika sorters bröd och ost. Ett av de mest älskade julbröden är saffransbröd, som är både fylligt och sött. Julmust, en svensk läskedryck som bara säljs under julperioden, är också en favorit.

När klockan närmar sig tre på julafton, är det dags att tända det första ljuset i adventsljusstaken. Detta är en vacker tradition som symboliserar väntan på Jesu födelse. Efter att ljuset har tänts, är det dags för julkvällsmat. Denna måltid är oftast en buffé med olika rätter, och den avslutas med risgrynsgröt, som har en dold mandel. Den som hittar mandeln i sin portion förväntas ha tur under det kommande året.

Efter måltiden är det dags för det mest efterlängtade ögonblicket för barnen - öppnandet av julklapparna. I Sverige öppnas klapparna vanligtvis på kvällen den 24 december. Barnen är ofta klädda i sina finaste kläder och är fyllda av spänning när de öppnar sina klappar. Det är en tid för glädje och överraskningar, och vuxna deltar ofta i lekar och sånger för att göra upplevelsen ännu mer minnesvärd.

En annan viktig tradition som firas på julafton är Kalle Anka. Sedan 1959 har svenska familjer suttit bänkade framför sina TV-apparater klockan tre på eftermiddagen för att titta på Kalle Anka och hans vänner i "Kalle Anka och hans vänner önskar God Jul". Detta är en kär tradition som sammanför generationer och skapar en känsla av samhörighet.

Efter all festlighet är det dags för midnattsmässan. Många svenskar besöker kyrkan för att fira Jesu födelse och sjunga julsånger. Kyrkan är vackert dekorerad med ljus och blommor, och det är en tid för eftertanke och andakt.

Julen i Sverige är en tid fylld av kärlek, gemenskap och traditioner. Det är en dag då familjer kommer närmare varandra och skapar minnen som kommer att vara skattade för alltid.

Julen är en tid för att fira både det religiösa och det kulturella, och Sverige har en rik tradition av att göra det på ett unikt och minnesvärt sätt. Så oavsett om du firar i Sverige eller någon annanstans i världen, kan vi alla ta lärdom av den svenska julens anda av kärlek, samhörighet och festlighet. Glad Jul!

Christmas in Sweden

Christmas is one of the most beloved and festive times of the year in Sweden. This special time of the year is filled with traditions, community, and joy.

Christmas in Sweden holds deep cultural significance and is more than just a festive holiday. It is also a time for reflection, love, and togetherness. A central figure during Christmas celebrations in Sweden is Santa Claus, the Swedish equivalent of Santa Claus. Santa Claus is a beloved figure who delivers Christmas presents to children on Christmas Eve. But he also carries a deeper meaning and is a symbol of generosity and goodwill.

Preparations for Christmas often begin well in advance. Months before Christmas, people start planning and decorating their homes. An important tradition is decorating the home with Christmas trees and ornaments. Many Swedes go to the forest to cut down their own tree and then decorate it with glitter, Christmas baubles, and lights. The Christmas tree is a central symbol of Christmas in Sweden and creates a sense of community and anticipation.

Another important tradition is preparing and enjoying Christmas food. Swedish Christmas food is abundant and varied. Many families enjoy herring, eggs, cocktail sausages, meatballs, and ham. There are also various types of bread and cheese. One of the most beloved Christmas breads is saffron bread, which is both rich and sweet. Julmust, a Swedish soft drink available only during the Christmas season, is also a favorite.

As the clock approaches three on Christmas Eve, it's time to light the first candle in the Advent candlestick. This is a beautiful tradition symbolizing the anticipation of the birth of Jesus. After the candle is lit, it's time for the Christmas Eve meal. This meal is usually a buffet with various dishes, and it concludes with rice pudding, which contains a hidden almond. The one who finds the almond in their portion is expected to have luck in the coming year.

After the meal, it's time for the most anticipated moment for children - the opening of Christmas presents. In Sweden, presents are usually opened in the evening of December 24th. Children are often dressed in their finest clothes and are filled with excitement as they open their gifts. It's a time of joy and surprises, and adults often participate in games and songs to make the experience even more memorable.

Another important tradition celebrated on Christmas Eve is Kalle Anka. Since 1959, Swedish families have been seated in front of their TV sets at 3 PM to watch Donald Duck and his friends in "Kalle Anka och hans vänner önskar God Jul" (Donald Duck and His Friends Wish You a Merry Christmas). This beloved tradition brings generations together and fosters a sense of togetherness.

After all the festivity, it's time for the midnight mass. Many Swedes attend church to celebrate the birth of Jesus and sing

Christmas carols. The church is beautifully decorated with candles and flowers, and it's a time for reflection and devotion.

Christmas in Sweden is a time filled with love, community, and traditions. It's a day when families come closer together and create memories that will be cherished forever. Christmas is a time to celebrate both the religious and the cultural, and Sweden has a rich tradition of doing so in a unique and memorable way. So, whether you're celebrating in Sweden or somewhere else in the world, we can all learn from the Swedish Christmas spirit of love, togetherness, and festivity. Merry Christmas!

Jultraditioner på Julafton i Sverige

Julafton är en av de mest älskade och festliga dagarna i Sverige. Det är en tid då familjer samlas för att fira och skapa minnen tillsammans.

En viktig del av julafton i Sverige är förberedelserna. Månader innan den stora dagen börjar familjer planera och förbereda sig. En tradition som går tillbaka i generationer är att dekorera hemmet med granar och julpynt. Många svenskar går till skogen för att hugga ner sin egen gran, och sedan dekorerar de den med glitter och julkulor. Detta är en viktig symbol för julen i Sverige och skapar en känsla av gemenskap och förväntan.

En annan viktig tradition är att förbereda och äta julmat. Den svenska julmaten är riklig och varierad. Många familjer äter sill, ägg, prinskorv, köttbullar och skinka. Dessutom finns det många olika sorters bröd och ost. Ett av de mest älskade julbröden är saffransbröd, som är både fylligt och sött. Julmust, en svensk läskedryck som bara säljs under julperioden, är också en favorit.

När klockan närmar sig tre på julafton, är det dags att tända det första ljuset i adventsljusstaken. Detta är en vacker tradition som symboliserar väntan på Jesu födelse. Efter att ljuset har tänts, är det dags för julkvällsmat. Denna måltid är oftast en buffé med olika rätter, och den avslutas med risgrynsgröt, som har en dold mandel. Den som hittar mandeln i sin portion förväntas ha tur under det kommande året.

Efter måltiden är det dags för det mest efterlängtade ögonblicket för barnen - öppnandet av julklapparna. I Sverige öppnas klapparna vanligtvis på kvällen den 24 december. Barnen är ofta klädda i sina finaste kläder och är fyllda av spänning när de öppnar sina klappar. Det är en tid för glädje och överraskningar, och vuxna deltar ofta i lekar och sånger för att göra upplevelsen ännu mer minnesvärd.

En annan viktig tradition som firas på julafton är Kalle Anka. Sedan 1959 har svenska familjer suttit bänkade framför sina TV-apparater klockan tre på eftermiddagen för att titta på Kalle Anka och hans vänner i "Kalle Anka och hans vänner önskar God Jul". Detta är en kär tradition som sammanför generationer och skapar en känsla av samhörighet.

Efter all festlighet är det dags för midnattsmässan. Många svenskar besöker kyrkan för att fira Jesu födelse och sjunga julsånger. Kyrkan är vackert dekorerad med ljus och blommor, och det är en tid för eftertanke och andakt.

Julafton i Sverige är en tid fylld av kärlek, gemenskap och traditioner. Det är en dag då familjer kommer närmare varandra och skapar minnen som kommer att vara skattade för alltid. Julen är en tid för att fira både det religiösa och det kulturella, och Sverige har en rik tradition av att göra det på ett unikt och minnesvärt sätt. Så oavsett om du firar i Sverige eller någon annanstans i världen, kan vi alla ta lärdom av den svenska julaftonens anda av kärlek, samhörighet och festlighet. Glad Jul!

Christmas Eve Traditions in Sweden

Christmas Eve is one of the most beloved and festive days in Sweden. It's a time when families come together to celebrate and create memories.

A significant part of Christmas Eve in Sweden is the preparations. Months before the big day, families begin planning and getting ready. A tradition dating back generations is decorating the home with Christmas trees and ornaments. Many Swedes venture into the woods to cut down their own tree and then adorn it with glitter and Christmas baubles. This is a significant symbol of Christmas in Sweden and fosters a sense of community and anticipation.

Another essential tradition is preparing and eating Christmas food. Swedish Christmas cuisine is lavish and diverse. Many families enjoy herring, eggs, cocktail sausages, meatballs, and ham. Additionally, there are various types of bread and cheese. One of the most beloved Christmas breads is saffron bread, which is both rich and sweet. Julmust, a Swedish soft drink available only during the Christmas season, is also a favorite.

As the clock approaches three on Christmas Eve, it's time to light the first candle in the advent candlestick. This is a beautiful tradition symbolizing the anticipation of Jesus's birth. After lighting the candle, it's time for the Christmas Eve dinner. This meal is typically a buffet with various dishes, and it concludes with rice pudding, which contains a hidden almond. Finding the almond in one's portion is believed to bring luck in the coming year.

After the meal, it's time for the most anticipated moment for children – opening the Christmas presents. In Sweden, presents are usually unwrapped in the evening of December 24th. Children are often dressed in their finest clothes and are filled with excitement as they unwrap their gifts. It's a time of joy and surprises, and adults often engage in games and songs to make the experience even more memorable.

Another significant tradition celebrated on Christmas Eve is "Kalle Anka" (Donald Duck). Since 1959, Swedish families have gathered in front of their TV sets at 3 PM to watch Donald Duck and his friends in "Kalle Anka och hans vänner önskar God Jul" (Donald Duck and His Friends Wish You a Merry Christmas). This beloved tradition brings generations together and fosters a sense of togetherness.

After all the festivity, it's time for the midnight mass. Many Swedes attend church to celebrate the birth of Jesus and sing Christmas carols. The church is beautifully decorated with candles and flowers, and it's a time for reflection and devotion.

Christmas Eve in Sweden is a time filled with love, community, and traditions. It's a day when families draw closer and create memories that will be cherished forever. Christmas is a time to celebrate both the religious and cultural aspects, and Sweden has a rich tradition of doing so in a unique and memorable way. So, whether you're celebrating in Sweden or elsewhere in the world, we can all learn from the Swedish Christmas spirit of love, togetherness, and festivity. Merry Christmas!

13

Luciadagen i Sverige

Luciadagen är en av de mest älskade traditionerna i Sverige. Denna festliga dag hyllar ljuset mitt i mörkaste vintern och bär med sig en rik kulturell arv.

Luciadagen, som inträffar den 13 december, har sitt ursprung i den kristna traditionen och är en dag tillägnad helgonet Santa Lucia. Santa Lucia var en italiensk jungfru och martyr som dog på 300-talet. Hennes namn, Lucia, härstammar från det latinska ordet "lux," vilket betyder ljus. Luciadagen symboliserar därför övergången från mörkret till ljuset.

En central del av Luciadagen är Luciatåget, som består av barn och ungdomar klädda i vita kläder och med ljuskransar på huvudet. Den som är utvald att vara Lucia leder tåget och är klädd i en vit klänning och bär en ljuskrona. Följande deltagare i tåget har olika roller, inklusive "tärnor" och "stjärngossar". Tåget sjunger Luciasånger och bär på ljus, symboliserande ljusets seger över mörkret.

En viktig tradition är också att bjuda på Lussekatter, ett speciellt slags saffransbröd som är format som bokstaven "S" och ofta innehåller russin. Lussekatter är en delikatess som förknippas med Luciadagen och serveras under hela december månad. De anses vara en hyllning till ljuset och är en frestelse för smaklökarna.

En annan tradition som inte får förbises är att morgonen inleds med att Luciatåget kommer till folks hem, skolor, och arbetsplatser. Lucia och hennes följe sjunger de vackra Luciasångerna och delar med sig av Lussekatter. Detta sprider en känsla av glädje och ljus över hela samhället.

Luciafirandet har genomgått förändringar och utveckling genom åren. Ursprungligen var Luciatåget enbart kvinnligt, men med tiden har det blivit vanligt att även pojkar och män deltar som stjärngossar. Dessutom har firandet utvidgats till att inkludera skolor, arbetsplatser och samhällen. Luciatågen framförs på offentliga platser och i privata hem.

Luciadagen är inte bara en vacker hyllning till ljuset utan även en dag som främjar jämställdhet och mångfald. Det är en tid då människor från olika åldrar och bakgrunder kommer samman för att fira och dela glädjen med varandra. Det är också en tid då man tar tillfället i akt att tänka på de som har det svårt och utföra välgörenhetsinsatser.

Luciadagen är en av de mest uppskattade och traditionella högtiderna i Sverige. Den bär med sig en stark känsla av samhörighet och kärlek till ljuset, vilket är så viktigt under de mörka vintermånaderna. Denna dag påminner oss om vikten av att sprida ljus och värme i våra liv och dela med oss till dem som behöver det. Luciadagen i Sverige är en strålande hyllning till ljuset, gemenskapen och kulturen som definierar landet. Det är en tradition som fortsätter att lysa starkt i svenska hjärtan.

Lucia Day in Sweden

Lucia Day is one of the most beloved traditions in Sweden. This festive day celebrates the light in the midst of the darkest winter and carries a rich cultural heritage.

Lucia Day, which occurs on December 13th, has its origins in the Christian tradition and is dedicated to the saint known as Saint Lucy. Saint Lucy was an Italian virgin and martyr who lived in the 4th century. Her name, Lucia, derives from the Latin word "lux," which means light. Thus, Lucia Day symbolizes the transition from darkness to light.

A central part of Lucia Day is the Lucia procession, which consists of children and young people dressed in white robes and wearing wreaths of candles on their heads. The one chosen to be Lucia leads the procession, dressed in a white gown and bearing a candle wreath on her head. The other participants in the procession take on different roles, including "handmaidens" and "star boys." The procession sings Lucia songs and carries candles, symbolizing the victory of light over darkness.

Another essential tradition is serving Lussekatter, a special type of saffron bun shaped like the letter "S" and often containing raisins. Lussekatter are a delicacy associated with Lucia Day and are served throughout the month of December. They are considered a tribute to the light and are a temptation for the taste buds.

Another tradition that should not be overlooked is that the morning begins with the Lucia procession visiting people's homes, schools, and workplaces. Lucia and her entourage sing the beautiful Lucia songs and share Lussekatter. This spreads a sense of joy and light throughout the community.

The celebration of Lucia has undergone changes and developments over the years. Originally, the Lucia procession was exclusively female, but over time, it has become common for boys and men to participate as star boys. Furthermore, the celebration has expanded to include schools, workplaces, and communities. Lucia processions are performed in public places and in private homes.

Lucia Day is not only a beautiful tribute to light but also a day that promotes equality and diversity. It is a time when people of different ages and backgrounds come together to celebrate and share joy with each other. It is also a time to think about those who are less fortunate and engage in charitable acts.

Lucia Day is one of the most cherished and traditional holidays in Sweden. It brings a strong sense of community and a love for light, which is crucial during the dark winter months. This day reminds us of the importance of spreading light and warmth in our lives and sharing it with those in need. Lucia Day in Sweden is a radiant celebration of light, community, and culture that defines the country. It is a tradition that continues to shine brightly in Swedish hearts.

Traditionell Svensk Julmat

Julen är en av de mest älskade och festliga tiderna på året i Sverige. En central del av julen är den traditionella svenska julmaten.

Svensk julmat är riklig och mångsidig och har en lång historia. Många av rätterna har sina rötter i gamla traditioner och har förts vidare från generation till generation. En av de mest kända och älskade rätterna är julskinkan. Julskinkan är en rimmad och kokt skinka som griljeras med senap, brödsmulor och ägg innan den grillas i ugnen. Den knapriga ytan och saftiga insidan gör julskinkan till en oumbärlig del av det svenska julbordet.

En annan favorit är köttbullar. Köttbullar är små bollar av köttfärs, oftast gjorda av nötkött och fläskfärs, som kryddas med lök och andra kryddor. De steks i smör och serveras med lingonsylt. Köttbullar är en delikatess som inte bara äts till jul utan även vid andra högtider och till vardags.

Sillen är en annan klassisk ingrediens på det svenska julbordet. Inlagd sill kommer i en mängd olika smaker och varianter, inklusive senapssill, löksill, och vitlökssill. Sillen serveras ofta med gräddfil och potatis, och den är ett måste för många svenskar under julen.

Ett annat populärt inslag på det svenska julbordet är prinskorvar, små korvar som friteras och serveras med senap. Prinskorvar är en älskad del av julen och är en favorit bland både barn och vuxna.

Julost är en annan traditionell svensk julmat. Julosten är ofta starkt kryddad och kommer i olika varianter, inklusive ädelost och västerbottenost. Den serveras med kex och är ett vanligt inslag på ostbrickan under julen.

En annan kär rätt är Janssons frestelse, en gratäng gjord av potatis, lök, ansjovis och grädde. Rätten är krämig och har en distinkt smak av ansjovis, vilket ger den en unik smakprofil.

Svensk julmat inkluderar också saffransbröd, som är ljuvligt saftiga och smakrika. Saffransbröd bakas ofta i form av lussekatter, som har en karakteristisk form och smakar ljuvligt av saffran. De är ett måste på luciadagen den 13 december men äts även under hela julperioden.

För sötsaker är risgrynsgröten en traditionell julrätt. Gröten kokas med mjölk och risgryn och serveras ofta med kanel och socker. Det finns en gammal tradition att gömma en mandel i gröten, och den som hittar mandeln får en extra portion tur under det kommande året.

När det gäller drycker är julmust, en svensk läskedryck som bara säljs under julperioden, en favorit. Glögg, en het kryddad vinvariant, är också mycket populär och serveras ofta med russin och mandel. Julölen är en annan traditionell dryck som många svenskar njuter av under julen.

Det svenska julbordet är en smakrik resa genom landets kultur och kulinariska arv. Det är en tid då familjer samlas för att njuta av traditionella rätter, skapa minnen och sprida glädje. Julmaten är inte bara en del av festligheterna utan även en viktig symbol för samhörighet och gemenskap under julen. Så oavsett om du är

i Sverige eller någon annanstans i världen, kan vi alla ta lärdom
av den svenska julmatens smakrika tradition och den glädje den
för med sig. Glad Jul!

21

Traditional Swedish Christmas Food

Christmas is one of the most beloved and festive times of the year in Sweden. A central part of Christmas is the traditional Swedish Christmas food.

Swedish Christmas food is abundant and diverse and has a long history. Many of the dishes have their roots in ancient traditions and have been passed down from generation to generation. One of the most well-known and beloved dishes is the Christmas ham. The Christmas ham is a salted and boiled ham that is glazed with mustard, breadcrumbs, and eggs before being roasted in the oven. The crispy exterior and juicy interior make the Christmas ham an essential part of the Swedish Christmas smorgasbord.

Another favorite is meatballs. Meatballs are small balls of ground meat, usually made from a mixture of beef and pork, seasoned with onions and various spices. They are fried in butter and served with lingonberry sauce. Meatballs are a delicacy that is not only eaten at Christmas but also at other celebrations and in everyday meals.

Herring is another classic ingredient on the Swedish Christmas smorgasbord. Pickled herring comes in a variety of flavors and variations, including mustard herring, onion herring, and garlic herring. Herring is often served with sour cream and potatoes and is a must for many Swedes during the Christmas season.

Another popular item on the Swedish Christmas table is "prinskorvar," small sausages that are deep-fried and served with mustard. "Prinskorvar" are a beloved part of Christmas and are a favorite among both children and adults.

Christmas cheese is another traditional Swedish Christmas food. Christmas cheese is often strongly flavored and comes in various types, including blue cheese and Västerbotten cheese. It is served with crackers and is a common addition to the cheese platter during Christmas.

Another beloved dish is Janssons Frestelse, a gratin made with potatoes, onions, anchovies, and cream. The dish is creamy and has a distinct flavor of anchovies, giving it a unique taste profile.

Swedish Christmas food also includes saffron bread, which is incredibly moist and flavorful. Saffron bread is often shaped into "lussekatter," which have a distinctive shape and a delightful saffron flavor. They are a must on Lucia Day, December 13th, but are also enjoyed throughout the Christmas season.

For desserts, rice pudding is a traditional Christmas dish. The pudding is made with milk and rice and is often served with cinnamon and sugar. There is an old tradition of hiding an almond in the pudding, and the one who finds the almond is believed to have an extra portion of luck in the coming year.

When it comes to beverages, "julmust," a Swedish soft drink available only during the Christmas season, is a favorite. "Glögg," a hot spiced wine variation, is also very popular and is often served with raisins and almonds. Christmas beer is another traditional drink enjoyed by many Swedes during the holiday season.

The Swedish Christmas smorgasbord is a flavorful journey through the country's culture and culinary heritage. It is a time when families come together to enjoy traditional dishes, create memories, and spread joy. Christmas food is not only a part of the festivities but also a significant symbol of unity and community during the holiday season. So whether you are in Sweden or elsewhere in the world, we can all learn from the flavorful tradition of Swedish Christmas food and the joy it brings. Merry Christmas!

Tomten i Sverige

Tomten, en mystisk liten varelse som lever i skogen, är en central figur i svensk jultradition. Denna kärleksfulla varelse representerar mycket mer än en jultomte som delar ut presenter.

Tomten är en hjärtlig och älskad figur i svensk jultradition. Ursprunget till tomten går långt tillbaka i den nordiska folklore, där det berättades om små tomtar som levde i skogen och skötte om gårdarna. Dessa tomtar ansågs ha en magisk förmåga att skydda hemmen och gårdarna och se till att djuren hade det bra. Det var viktigt att hålla tomtarna glada och nöjda, eftersom de hade makten att ge lycka och välgång eller olycka och otur.

I de äldre myterna var tomtarna inte alltid vänliga och behövde hållas på gott humör med gåvor eller offranden. Om man behandlade dem väl, skulle de se till att allt gick bra på gården. Men om de blev missnöjda, kunde de ställa till med olyckor och besvär. Denna tro på tomtarnas existens och makt var djupt rotad i den svenska landsbygden.

Med tiden har tomtens image utvecklats till att bli en mer vänlig och hjälpsam figur. Den moderna bilden av tomten är en äldre man med skägg, klädd i röda kläder och en luva. Han bor inte längre ute i skogen utan bor istället i eller nära husen. Tomten anses vara en vänlig själ som kommer på julafton för att dela ut julklappar till barnen. Han har fått sin plats bredvid Jesusbarnet i julevangeliet som en viktig symbol för julen.

Tomten representerar en förening av gammal folktro och kristen tro. Han är en symbol för generositet och glädje och påminner oss om att dela med oss till andra under julen. Tomten är också en stark symbol för gemenskap och samhörighet. Han är en påminnelse om att vi alla är en del av något större och att vi ska hjälpa och stödja varandra.

En annan viktig aspekt av tomten är traditionen att sätta ut en tallrik med julgröt eller risgrynsgröt till tomten och hans renar på julafton. Detta är en gest av tacksamhet och respekt för den älskade figuren. Det är också en påminnelse om att julen handlar om att ge och dela med sig till andra.

Tomten i Sverige är inte bara en jultomte som delar ut presenter, utan en symbol för kultur, tro och gemenskap. Han påminner oss om vikten av att vara vänliga och generösa mot varandra och att dela glädjen under julen. Tomten är en hjärtlig och älskad figur som har en speciell plats i svensk julkultur och som fortsätter att föra människor tillsammans varje år. Så oavsett om du tror på tomten eller inte, kan vi alla lära oss av den värdefulla lektionen som denna kärleksfulla varelse representerar. Glad Jul!

The Tomte in Sweden

The Tomte, a mysterious little creature living in the woods, is a central figure in Swedish Christmas tradition. This beloved being represents much more than just a Santa Claus figure who delivers gifts.

The Tomte is a heartwarming and beloved figure in Swedish Christmas tradition. The origin of the Tomte dates back to ancient Nordic folklore, where stories were told about small elves or gnomes living in the woods and taking care of farms. These creatures were believed to possess magical powers to protect homes and farms and ensure the well-being of animals. It was essential to keep the Tomte content and satisfied because they had the ability to bring good fortune and happiness or misfortune and bad luck.

In the older myths, the Tomte was not always friendly and needed to be kept in good spirits through gifts or offerings. Treating them well ensured that everything went smoothly on the farm. However, if they were displeased, they could cause accidents and troubles. This belief in the existence and power of the Tomte was deeply rooted in rural Sweden.

Over time, the image of the Tomte has evolved to become a more friendly and helpful character. The modern portrayal of the Tomte is an elderly man with a beard, dressed in red clothing and a hood. He no longer lives deep in the woods but instead resides in or near homes. The Tomte is considered a kind soul who visits on Christmas Eve to distribute presents to children. He has been given a place alongside the baby Jesus in the Nativity story as an important symbol of Christmas.

The Tomte represents a fusion of ancient folklore and Christian faith. He is a symbol of generosity and joy and reminds us to share with others during Christmas. The Tomte is also a strong symbol of community and togetherness. He serves as a reminder that we are all part of something larger and should help and support one another.

Another significant aspect of the Tomte is the tradition of leaving a plate of Christmas porridge or rice pudding for the Tomte and his reindeer on Christmas Eve. This is a gesture of gratitude and respect for the beloved figure. It is also a reminder that Christmas is about giving and sharing with others.

The Tomte in Sweden is not just a Santa Claus figure who delivers presents but a symbol of culture, belief, and community. He reminds us of the importance of being kind and generous to one another and of sharing joy during Christmas. The Tomte is a heartwarming and beloved figure with a special place in Swedish Christmas culture and continues to bring people together each year. So, whether you believe in the Tomte or not, we can all learn from the valuable lesson that this loving being represents. Merry Christmas!

Den Svenska Julbocken

Den svenska julbocken, en av de mest ikoniska symbolerna för jultradition i Sverige, har en fascinerande historia och betydelse. Denne get har utvecklats från att vara en del av gamla folktro till att bli en populär juldekoration och en manifestation av kreativitet och gemenskap.

Ursprunget till den svenska julbocken kan spåras tillbaka till gamla skandinaviska traditioner. I nordisk mytologi finns associationer mellan getar och julen. Getar ansågs vara kopplade till åsguden Thor och skulle bära honom i sin vagn över himlen. Under julen kunde gårdar offra getar som ett sätt att söka skydd och välgång från olycka. Denna association mellan getar och julen överlevde och utvecklades över tid.

Den moderna julbocken som vi känner den idag har sina rötter i bygden Gävle i mitten av 1800-talet. Traditionen att skapa en julbock av halm och placera den på torget i Gävle började som en symbol för vinterns ankomst och firades med festligheter. Den första dokumenterade julbocken byggdes 1966, och traditionen att bygga en stor julbock av halm på torget har fortsatt sedan dess.

Julbocken i Gävle är nu en välkänd symbol för julen i Sverige. Människor från när och fjärran besöker staden för att se den imponerande konstruktionen, som är flera meter hög och byggd av hundratals höbalar. Årets julbock är täckt med en glänsande röd kappa och bär en stolt halmkrans runt halsen. Invigningen av julbocken är ett stort evenemang och lockar besökare i december månad.

Den svenska julbocken har också inspirerat många lokala traditioner runt om i landet. Många människor skapar sina egna julbockar av halm som de placerar i sina hem eller trädgårdar. Det är en kreativ tradition som ger utrymme för uttryck och gemenskap. Många skolor och föreningar ordnar julbock-tillverkningsevenemang där människor samlas för att skapa sina egna julbockar.

Julbocken i Sverige representerar tradition, kreativitet och gemenskap. Den är en påminnelse om de gamla skandinaviska rötterna i julen och hur dessa traditioner har utvecklats och anpassats över tid. Den svenska julbocken är en symbol som förenar människor i skapandet och firandet av julen och som ger uttryck för landets rika kulturarv. Så oavsett om du besöker den berömda julbocken i Gävle eller skapar din egen hemma, kan vi alla lära oss av den svenska julbockens anda av tradition, skapande och gemenskap. Glad Jul!

The Swedish Yule Goat

The Swedish Yule Goat, one of the most iconic symbols of Christmas tradition in Sweden, has a fascinating history and significance. This goat has evolved from being a part of ancient folklore to becoming a popular Christmas decoration and a manifestation of creativity and community.

The origin of the Swedish Yule Goat can be traced back to ancient Scandinavian traditions. In Norse mythology, there are associations between goats and Christmas. Goats were believed to be linked to the Norse god Thor and would carry him in their chariot across the sky. During Christmas, farms could sacrifice goats as a way to seek protection and prosperity from misfortune. This association between goats and Christmas survived and evolved over time.

The modern Yule Goat that we know today has its roots in the town of Gävle in the mid-19th century. The tradition of creating a Yule Goat out of straw and placing it in the town square in Gävle began as a symbol of the arrival of winter and was celebrated with festivities. The first documented Yule Goat was erected in 1966, and the tradition of building a large Yule Goat out of straw in the town square has continued since then.

The Gävle Yule Goat is now a well-known symbol of Christmas in Sweden. People from near and far visit the town to see the impressive structure, which stands several meters high and is constructed from hundreds of hay bales. The annual Yule Goat is adorned with a shiny red cloak and proudly wears a straw wreath around its neck. The inauguration of the Yule Goat is a grand event and attracts visitors in the month of December.

The Swedish Yule Goat has also inspired many local traditions across the country. Many people create their own Yule Goats out of straw, which they place in their homes or gardens. It is a creative tradition that allows for self-expression and community bonding. Many schools and associations organize Yule Goat crafting events where people come together to create their own Yule Goats.

The Yule Goat in Sweden represents tradition, creativity, and community. It is a reminder of the ancient Scandinavian roots of Christmas and how these traditions have evolved and adapted over time. The Swedish Yule Goat is a symbol that unites people in the creation and celebration of Christmas and expresses the country's rich cultural heritage. So whether you visit the famous Gävle Yule Goat or create your own at home, we can all learn from the spirit of tradition, creativity, and community that the Swedish Yule Goat embodies. Merry Christmas!

Advent i Sverige

Advent är en speciell tid i Sverige när människor förbereder sig för julen med en blandning av förväntan, gemenskap och traditioner. Det är en period som markerar början på julsäsongen och ger tid för eftertanke, dekoration och samvaro.

Adventstiden i Sverige sträcker sig från den första söndagen i december till julafton och består av fyra adventssöndagar. Den inleds med första advent, och varje söndag därefter tänds ett nytt ljus i adventsljusstaken, en speciell ljusstake som är en viktig del av svensk adventstradition.

Adventsljusstaken är vanligtvis en enkel trästake med fyra eller sju ljus, beroende på traditionen och smaken. Varje adventssöndag tänds ett nytt ljus, och när den fjärde och sista adventssöndagen kommer, lyser alla ljusen och skapar en strålande glans. Adventsljusstaken är en symbol för ljusets återkomst under den mörkaste tiden på året och en påminnelse om det kommande födandet av Jesus, som är central i den kristna tron.

En annan viktig tradition som kännetecknar advent i Sverige är adventskalendern. Adventskalendern är en kalender som har en lucka för varje dag fram till julafton, och varje lucka kan innehålla en liten present eller godsak. Adventskalendern är en spännande väntan på julen och skapar en känsla av förväntan hos både barn och vuxna. Många familjer har egna adventskalendrar som de använder varje år, och det är en tradition som ger glädje och samhörighet.

Dekorationen av hemmet är också en viktig del av adventsförberedelserna. Människor pyntar sina hem med julgranskulor, adventsstjärnor och andra juldekorationer. En speciell tradition är att skapa en julkrubba, som är en scen som visar Jesu födelse. Julkrubbor är vanligtvis gjorda av trä, keramik eller andra material och inkluderar figurer som föreställer Maria, Josef, Jesusbarnet, änglar, herdar och de tre vise männen. Många familjer har en älskad julkrubba som de sätter fram varje år som en central del av juldekorationerna.

Under adventstiden är det vanligt att delta i adventsgudstjänster och sjunga adventssånger. Kyrkorna är vackert dekorerade med ljus och blommor, och människor samlas för att reflektera över budskapet om Jesu födelse och uttrycka sin tacksamhet.

Advent i Sverige är en tid av förväntan, gemenskap och tradition. Det är en period som påminner oss om att julen handlar om mer än bara presenter och mat. Det är en tid för eftertanke och reflektion över det som är värdefullt i livet och en möjlighet att dela glädje och kärlek med familj och vänner. Advent i Sverige är en viktig del av landets kultur och en tid som ger uttryck för de värderingar som är viktiga för svenska människor. Så oavsett om du firar advent i Sverige eller någon annanstans i världen, kan vi alla lära oss av den svenska adventstidens anda av förväntan, gemenskap och tradition. Glad advent!

Advent in Sweden

Advent is a special time in Sweden when people prepare for Christmas with a blend of anticipation, community, and traditions. It is a period that marks the beginning of the Christmas season, allowing time for reflection, decoration, and togetherness.

Advent time in Sweden spans from the first Sunday in December to Christmas Eve and consists of four Advent Sundays. It commences with the first Advent, and each Sunday thereafter, a new candle is lit in the Advent candlestick, a special candelabrum that is an integral part of Swedish Advent tradition.

The Advent candlestick is typically a simple wooden holder with four or seven candles, depending on tradition and preference. Each Advent Sunday, a new candle is lit, and when the fourth and final Advent Sunday arrives, all the candles are lit, creating a radiant glow. The Advent candlestick is a symbol of the return of light during the darkest time of the year and a reminder of the forthcoming birth of Jesus, which is central to the Christian faith.

Another important tradition that characterizes Advent in Sweden is the Advent calendar. The Advent calendar is a calendar with a door for each day leading up to Christmas Eve, and each door can contain a small gift or treat. The Advent calendar is an exciting countdown to Christmas, creating a sense of anticipation for both children and adults. Many families have their own Advent calendars that they use every year, and it is a tradition that brings joy and togetherness.

The decoration of the home is also a significant part of Advent preparations. People adorn their homes with Christmas baubles, Advent stars, and other Christmas decorations. A special tradition is to create a nativity scene, which is a tableau depicting the birth of Jesus. Nativity scenes are usually made of wood, ceramics, or other materials and include figures representing Mary, Joseph, the baby Jesus, angels, shepherds, and the three wise men. Many families have a cherished nativity scene that they display each year as a central part of their Christmas decorations.

During Advent, it is common to attend Advent church services and sing Advent hymns. The churches are beautifully decorated with candles and flowers, and people gather to reflect on the message of Jesus' birth and express their gratitude.

Advent in Sweden is a time of anticipation, community, and tradition. It is a period that reminds us that Christmas is about more than just presents and food. It is a time for reflection and contemplation about what is valuable in life and an opportunity to share joy and love with family and friends. Advent in Sweden is an essential part of the country's culture and a time that expresses the values that are important to Swedish people. So whether you celebrate Advent in Sweden or elsewhere in the world, we can all learn from the spirit of anticipation, community, and tradition that Advent in Sweden embodies. Happy Advent!

Julvädret i Sverige

Julen i Sverige är en tid av glädje, gemenskap och traditioner. Under denna festliga säsong är vädret en faktor som spelar en central roll i skapandet av den magiska stämningen. Det svenska julvädret är känt för att vara varierande och ofta oförutsägbart, men det bidrar till en unik skönhet och charm som omfamnar hela landet.

Svenskarna välkomnar julen med stora förväntningar på snö. Snö är en central del av den svenska jultraditionen och skapar den vackra vintermiljön som så många förknippar med julen. I hela landet ser människor fram emot den första snön som täcker marken i ett vitt täcke. Detta markerar början på julperioden och skapar en känsla av magi och förväntan.

Den svenska traditionen med att fira julafton den 24 december innebär ofta att man önskar sig en vit jul. Många svenskar drömmer om att vakna upp på julafton till gnistrande snö utanför fönstret. Julen i Sverige blir ännu mer speciell när det finns snö, och det ger möjlighet till utomhusaktiviteter som skridskoåkning, pulkaåkning och snöbollskrig.

Men det svenska julvädret är känt för sin oförutsägbarhet. Ibland kan det komma snö i överflöd och skapa en sagolik vinterlandskap, medan det i andra år kan vara en grön jul utan någon snö alls. Detta väderfenomen har gett upphov till uttrycket "grön jul," som används när det inte finns någon snö på marken under julhelgen.

Det svenska julvädret påverkar även resor och transporter under julen. De som reser för att fira med sina familjer måste ibland ta hänsyn till väderförhållandena, särskilt om de planerar långa resor. Snöfall och halka kan skapa utmanande förhållanden på vägarna, och det är viktigt att vara beredd och försiktig.

Trots den ibland oförutsägbara naturen av det svenska julvädret, välkomnar svenskar det med öppna armar. Snö och kyla är en del av vinterens charm och skapar möjligheter för mysiga stunder inomhus, som att tända ljus, sitta framför brasan och njuta av varm glögg och pepparkakor.

Ett annat viktigt element i det svenska julvädret är mörkret. Eftersom Sverige ligger så långt norrut, har landet mycket korta dagar under vintermånaderna. Detta ger upphov till en speciell stämning när städer och byar dekoreras med julbelysning. Adventsstjärnor och ljusslingor lyser upp gatorna och skapar en känsla av värme och gemenskap mitt i vinterns mörker.

Julvädret i Sverige påverkar även traditionella aktiviteter som julmarknader och ljusfester. Många städer och byar anordnar evenemang där människor kan samlas för att fira julen tillsammans. Detta inkluderar försäljning av julklappar, hantverksutställningar och konsertuppträdanden. Den unika stämningen som skapas av julvädret ger dessa evenemang en extra touch av magi.

Sammanfattningsvis är julvädret i Sverige en betydande del av jultraditionen. Snön, kylan och mörkret skapar en speciell atmosfär som omfamnar hela landet. Det svenska julvädret är en påminnelse om vinterns skönhet och charm, och det är en tid då

människor kommer närmare varandra och skapar minnen som
kommer att vara skattade för alltid. Så oavsett om det är en vit jul
eller en grön jul, är julvädret en viktig del av svenska julfiranden
och ger en unik dimension till den festliga säsongen.

Christmas Weather in Sweden

Christmas in Sweden is a time of joy, community, and traditions. During this festive season, the weather plays a central role in creating the magical atmosphere. Swedish Christmas weather is known for its variability and often unpredictability, but it adds a unique beauty and charm that envelops the entire country.

Swedes eagerly anticipate snow at Christmas. Snow is an integral part of Swedish Christmas tradition and creates the beautiful winter landscape that many associate with the holiday. Throughout the country, people look forward to the first snowfall, which blankets the ground in a pristine white cover. This marks the beginning of the Christmas period and infuses a sense of magic and anticipation.

The Swedish tradition of celebrating Christmas on December 24th often involves a hope for a white Christmas. Many Swedes dream of waking up on Christmas Eve to sparkling snow outside their windows. Christmas in Sweden becomes even more special when there is snow, allowing for outdoor activities such as ice skating, sledding, and snowball fights.

However, Swedish Christmas weather is known for its unpredictability. Sometimes, there is an abundance of snow, creating a fairytale winter landscape, while in other years, there might be a "green Christmas," with no snow at all. This weather phenomenon has given rise to the expression "green Christmas," used when there is no snow on the ground during the Christmas holiday.

Swedish Christmas weather also affects travel and transportation during the holiday season. Those traveling to celebrate with their families sometimes have to consider weather conditions, especially if they plan long journeys. Snowfall and icy roads can create challenging conditions, and it's important to be prepared and cautious.

Despite the sometimes unpredictable nature of Swedish Christmas weather, Swedes embrace it with open arms. Snow and cold are an integral part of the winter's charm, offering opportunities for cozy moments indoors, such as lighting candles, sitting by the fireplace, and enjoying hot mulled wine and gingerbread cookies.

Another important element of Swedish Christmas weather is the darkness. Since Sweden is located so far north, the country experiences very short days during the winter months. This creates a special atmosphere where cities and towns are adorned with Christmas lights. Advent stars and strings of lights illuminate the streets, providing a sense of warmth and community in the midst of winter's darkness.

Swedish Christmas weather also influences traditional activities such as Christmas markets and light festivals. Many cities and towns host events where people gather to celebrate Christmas together. This includes the sale of Christmas gifts, craft exhibitions, and concert performances. The unique atmosphere created by Christmas weather adds an extra touch of magic to these events.

In summary, Christmas weather in Sweden is a significant part of Christmas tradition. Snow, cold, and darkness create a special atmosphere that envelops the entire country. Swedish Christmas weather serves as a reminder of the beauty and charm of winter, and it is a time when people come closer together, creating memories that will be treasured forever. Whether it's a white Christmas or a green Christmas, Christmas weather is an important part of Swedish Christmas celebrations and adds a unique dimension to the festive season.

Julen i Stockholm

<hr>

Stockholm, Sveriges pulserande huvudstad, blir under julen en plats fylld med magi, glädje och en känsla av gemenskap. Staden förvandlas till en vinterdröm där invånare och besökare samlas för att fira jul med traditioner, festligheter och skönhet.

Julen är en tid av återförening och värme, och Stockholm är en stad som omfamnar detta med öppna armar. När december närmar sig, börjar gatorna i Gamla Stan, Södermalm och andra stadsdelar dekoreras med glittrande julbelysning. Fasaderna på de gamla byggnaderna och de moderna butikerna täcks med ljusslingor och adventsstjärnor som kastar ett mjukt sken över stadens torg och gator.

En av de mest imponerande juldekorationerna i Stockholm är Granen på Skeppsbron. Denna gigantiska julgran reses vid vattnet i Gamla Stan och är kärnan i stadens julpynt. Granen är smyckad med tusentals glittrande ljus och är ett populärt mötesställe för människor som vill njuta av julens skönhet och atmosfär. Många besökare tar också chansen att åka skridskor på den intilliggande skridskobanan, vilket ger en känsla av glädje och tradition.

Ett av de mest älskade inslagen i Stockholms jultraditioner är Luciafirandet. Lucia är en av de mest populära helgonen i Sverige och firas den 13 december varje år. Under Lucianatten går unga kvinnor klädda i vita klänningar och bär ljuskronor på sina huvuden. De sjunger luciasånger och serverar saffransbröd och pepparkakor till familj och vänner. Luciafirandet är en symbol för ljusets återkomst under den mörkaste tiden på året och skapar en känsla av hopp och värme.

Stockholms julmarknader är också en viktig del av stadens jultraditioner. Marknaderna sprider sig över hela staden och erbjuder allt från hantverk och julklappar till traditionell svensk mat och dryck. En av de mest kända marknaderna är Skansen's Julmarknad, som äger rum i det öppna friluftsmuseet Skansen. Här kan besökare uppleva autentisk svensk jultradition med hantverk, sång och dans.

Julbordet är en annan viktig del av julen i Stockholm. Många restauranger och hotell erbjuder traditionella julbord med en riklig mängd mat och dryck. Julbordet är fyllt med klassiska rätter som gravad lax, köttbullar, prinskorv, och olika sorters sill. Det är en tid för människor att samlas och njuta av de läckerheter som julen har att erbjuda.

Under julhelgen är det också vanligt att besöka kyrkor och delta i julgudstjänster. Många kyrkor i Stockholm är vackert dekorerade med ljus och blommor och erbjuder en fristad för eftertanke och reflektion. Julgudstjänsterna är en tid för sång och bön, och de påminner oss om julens andliga betydelse.

Julen i Stockholm är en tid av gemenskap och glädje. Det är en säsong som omfamnar traditioner och skapar minnen som kommer att vara skattade för alltid. Staden blir en plats där gammalt möter nytt, och där det moderna livet smälter samman med traditionella värden. Julen i Stockholm är en unik upplevelse som fyller hjärtat med värme och glädje, och som påminner oss om att det är kärleken och samhörigheten som gör denna tid så speciell. Så oavsett om du är en invånare i Stockholm eller en besökare, är julen i denna vackra stad en tid att omfamna och njuta av allt det har att erbjuda. God Jul!

Christmas in Stockholm

Stockholm, Sweden's vibrant capital, transforms into a place filled with magic, joy, and a sense of community during Christmas. The city turns into a winter wonderland where residents and visitors come together to celebrate Christmas with traditions, festivities, and beauty.

Christmas is a time of reunion and warmth, and Stockholm is a city that embraces this with open arms. As December approaches, the streets in Gamla Stan, Södermalm, and other neighborhoods are adorned with sparkling Christmas lights. The facades of the old buildings and modern shops are covered in strings of lights and Advent stars, casting a soft glow over the city's squares and streets.

One of the most impressive Christmas decorations in Stockholm is the Christmas tree at Skeppsbron. This gigantic Christmas tree is erected by the water in Gamla Stan and serves as the centerpiece of the city's Christmas decor. The tree is adorned with thousands of sparkling lights and is a popular gathering spot for people looking to enjoy the beauty and atmosphere of Christmas. Many visitors also take the opportunity to ice skate on the adjacent ice rink, which brings a sense of joy and tradition.

One of the most beloved elements of Stockholm's Christmas traditions is the celebration of Lucia. Lucia is one of the most popular saints in Sweden and is celebrated on December 13th every year. On Lucianight, young women dressed in white gowns and wearing wreaths of candles on their heads. They sing Lucia songs and serve saffron buns and gingerbread cookies to family and friends. The Lucia celebration is a symbol of the return of light during the darkest time of the year, creating a sense of hope and warmth.

Stockholm's Christmas markets are also a crucial part of the city's Christmas traditions. The markets spread throughout the city and offer everything from crafts and Christmas gifts to traditional Swedish food and drinks. One of the most well-known markets is Skansen's Christmas Market, held in the open-air museum Skansen. Here, visitors can experience authentic Swedish Christmas tradition with crafts, singing, and dancing.

The Christmas smorgasbord, or "julbord," is another significant part of Christmas in Stockholm. Many restaurants and hotels offer traditional julbord with an abundance of food and drinks. The julbord is filled with classic dishes like gravlax, meatballs, "prinskorv" (sausages), and various types of herring. It is a time for people to gather and enjoy the culinary delights that Christmas has to offer.

During the Christmas holiday, it is also common to visit churches and participate in Christmas services. Many churches in Stockholm are beautifully decorated with candles and flowers, providing a haven for reflection and contemplation. Christmas services are a time for song and prayer and remind us of the spiritual significance of Christmas.

Christmas in Stockholm is a time of community and joy. It is a season that embraces traditions and creates memories that will be cherished forever. The city becomes a place where old meets new, and where modern life blends with traditional values. Christmas in Stockholm is a unique experience that warms the heart and reminds us that it is love and togetherness that make this time so special. So whether you are a resident of Stockholm or a visitor, Christmas in this beautiful city is a time to embrace and enjoy all it has to offer. Merry Christmas!

Julbordets Festliga Praktik i Svensk Kultur

Julbordet, en av Sveriges mest älskade och omfattande traditioner, har en särskild plats i svensk kultur. Det är en festlig händelse som samlar människor i samhället och påminner oss om vikten av gemenskap, glädje och gott sällskap.

Julbordet är en hjärtesak i Sverige och anses av många vara den mest framträdande traditionen under julen. Det är en måltid som samlar familj och vänner, och dess förekomst är nästan en självklarhet i de flesta svenska hem under december månad. Julbordet är inte bara en måltid, det är en helaftonsupplevelse av traditioner, gemenskap och festligheter.

Historien bakom julbordet sträcker sig långt tillbaka i tiden. Ursprunget till denna tradition går tillbaka till medeltiden och kanske ännu tidigare. På den tiden markerade julbordet en överflöd av mat och festande, en chans för människor att njuta av sig själva under den långa och kalla vintern. Denna tradition har sedan utvecklats och anpassats över tid.

Julbordet består av en rad traditionella rätter som varierar beroende på region och familjetraditioner. Det inkluderar vanligtvis sillsallad, gravad lax, köttbullar, prinskorv, julskinka, Janssons frestelse, och mycket mer. Dessutom är det traditionellt att servera lutfisk och risgrynsgröt med mandel och grädde.

Ett annat karakteristiskt inslag i julbordet är dekorationen av maten. Rätterna är ofta vackert ordnade och smyckade med julens färger och blommor. Rödbetssalladen är en perfekt illustration av detta, med sina olika lager i olika nyanser av rött och grön persilja på toppen. Julbordets presentation är en del av glädjen och traditionen.

En annan betydande aspekt av julbordet är glöggen. Glögg är en traditionell svensk varm kryddad dryck som ofta serveras före eller under måltiden. Det är gjort på kryddat vin eller saft och smaksatt med kryddnejlika, kanel, ingefära och kardemumma. Glöggen serveras ofta med russin och mandlar och är en viktig del av julbordstraditionen.

Julbordet är inte bara om mat och dryck, det är också en tid för att träffa nära och kära. Det är en stund av gemenskap och glädje, där människor samlas för att dela berättelser, skratta och fira tillsammans. Många svenskar ser fram emot julbordet som en av årets höjdpunkter och en tid att umgås med familj och vänner.

Julbordet är inte bara en privat angelägenhet. Många arbetsplatser, skolor och föreningar ordnar sina egna julbordsevenemang där medlemmar och kollegor kan delta. Det är en möjlighet att bygga gemenskap och skapa starkare band med dem man arbetar eller studerar med.

En annan aspekt av julbordet som inte får förbises är det sociala ansvaret. Under julen donerar många svenska företag pengar till välgörenhet för varje julbord de serverar. Detta är ett sätt att sprida glädje och hjälpa dem som är mindre lyckligt lottade.

Sammanfattningsvis är julbordet en av de mest älskade och viktiga traditionerna i svensk kultur. Det är en tid för gemenskap, glädje och festligheter. Julbordets historia går långt tillbaka i tiden och har utvecklats till en mångfacetterad tradition som återspeglar Sveriges rika kulturarv. Julbordet är en tid då vi kan samla våra nära och kära, njuta av läcker mat och skapa minnen som kommer att vara skattade för alltid. Så oavsett om du är en svensk eller en besökare, är

julbordet en viktig del av den svenska julen och en tid att omfamna och njuta av. Glad jul!

The Festive Practice of the Christmas Smorgasbord in Swedish Culture

The Christmas smorgasbord, one of Sweden's most beloved and extensive traditions, holds a special place in Swedish culture. It is a festive occasion that brings people in the community together, reminding us of the importance of togetherness, joy, and good company.

The Christmas smorgasbord is a cherished tradition in Sweden and is considered by many to be the most prominent tradition during the Christmas season. It is a meal that gathers family and friends, and its presence is almost a given in most Swedish homes during the month of December. The Christmas smorgasbord is not just a meal; it is a full evening experience of traditions, community, and festivities.

The history of the Christmas smorgasbord dates back to medieval times and perhaps even earlier. During that time, the Christmas smorgasbord signified an abundance of food and feasting, an opportunity for people to indulge during the long and cold winter. This tradition has since evolved and adapted over time.

The Christmas smorgasbord comprises a range of traditional dishes that vary depending on region and family traditions. It typically includes herring salad, gravlax, meatballs, "prinskorv" (sausages), Christmas ham, Janssons temptation, and much more. Additionally, it is customary to serve lutefisk and rice porridge with almonds and cream.

Another characteristic aspect of the Christmas smorgasbord is the presentation of the food. The dishes are often beautifully arranged and adorned with the colors and flowers of the Christmas season. The beetroot salad is a perfect illustration of this, with its various layers in different shades of red and green parsley on top. The presentation of the Christmas smorgasbord is part of the joy and tradition.

Another significant aspect of the Christmas smorgasbord is the tradition of mulled wine, or "glögg." Glögg is a traditional Swedish hot spiced drink often served before or during the meal. It is made from spiced wine or juice and flavored with cloves, cinnamon, ginger, and cardamom. Glögg is often served with raisins and almonds and is an integral part of the Christmas smorgasbord tradition.

The Christmas smorgasbord is not just about food and drink; it is also a time to connect with loved ones. It is a moment of togetherness and joy, where people come together to share stories, laughter, and celebrate as a group. Many Swedes look forward to the Christmas smorgasbord as one of the highlights of the year and a time to socialize with family and friends.

The Christmas smorgasbord is not limited to private gatherings. Many workplaces, schools, and associations organize their own Christmas smorgasbord events where members and colleagues can participate. It is an opportunity to build a sense of community and form stronger bonds with those you work or study with.

Another aspect of the Christmas smorgasbord that should not be overlooked is the social responsibility it entails. During the Christmas season, many Swedish businesses donate money to charity for each Christmas smorgasbord they serve. This is a way to spread joy and help those who are less fortunate.

In summary, the Christmas smorgasbord is one of the most beloved and significant traditions in Swedish culture. It is a time for togetherness, joy, and festivities. The history of the Christmas smorgasbord dates back far in time and has evolved into a multifaceted tradition that reflects Sweden's rich cultural heritage. The Christmas smorgasbord is a time when we can gather our loved ones, enjoy delicious food, and create memories that will be treasured forever. So, whether you are Swedish or a visitor, the Christmas smorgasbord is an integral part of the Swedish Christmas and a time to embrace and enjoy. Merry Christmas!